J'APPRENDS L'ANGLAIS en CHANTANT

J'APPRENDS L'ANGLAIS en CHANTANT

Illustrations
Bergamote Trottemenu

Textes de grammaire
Laurence de Maindreville

Millepages

ISBN : 978-2-84218-382-0
Imprimé en Chine
Dépôt légal : avril 2016
Loi n° 49-956 du 16 juillet 1949
sur les publications destinées à la jeunesse

Sommaire

Sing a song

Where's the ruler?

Where's the ruler? Under the table.	Où est la règle ? Sous la table.
Where's the schoolbag? On the desk.	Où est le cartable ? Sur le bureau.
Where's the pen? In the pencil case.	Où est le stylo ? Dans la trousse.
And where's the teacher?	Et où est le professeur ?
I'm just behind you!	Je suis juste derrière toi !
I'm just behind you!	Je suis juste derrière toi !

Vocabulary

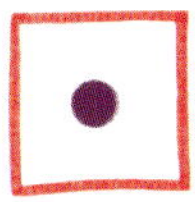

in
dans

on
sur

under
sous

behind
derrière

in front of
devant

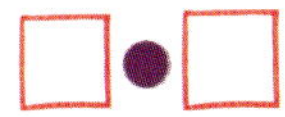

between
entre

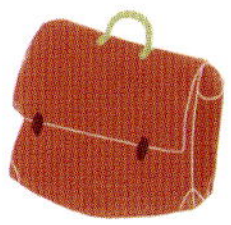

schoolbag
cartable

pencil case
trousse

pencil
crayon

pen
stylo

ruler
règle

rubber
gomme

exercise book
cahier

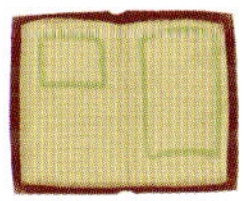

book
livre

Grammar

« To be » (le verbe « être ») se conjugue ainsi au présent :

I am (I'm)
You are (You're)
He is, She is, It is (He's, She's, It's)
We are (We're)
You are (You're)
They are (They're)

As-tu remarqué que pour dire « tu » et « vous » en anglais il n'y a qu'un seul mot, « you » ?
Inutile donc de se demander s'il faut tutoyer ou vouvoyer une personne que l'on rencontre !

Sing a song

How old are you?

How old are you?	Quel âge as-tu ?
I'm eight years old.	J'ai huit ans.
Oh, you're a big boy, a big boy.	Oh, tu es un grand garçon, un grand garçon.
And how old are you?	Et quel âge as-tu ?
I'm ten years old.	J'ai dix ans.
Oh, you're a big girl, a big girl.	Oh, tu es une grande fille, une grande fille.
And now it's your turn	Maintenant, c'est ton tour
To ask boys and girls.	D'interroger les garçons et les filles.
How old are you?	Quel âge as-tu ?

Vocabulary

big
grand, gros

small
petit

boy
garçon

girl
fille

old
vieux

young
jeune

Grammar

Découvre ces expressions. En français, on utilise le verbe « avoir » mais en anglais on utilise « to be » (être).

I'm 9 years old.	J'ai 9 ans.
He's hungry.	Il a faim.
She's thirsty.	Elle a soif.
We're cold.	Nous avons froid.
They're afraid!	Ils ont peur !

Sing a song

Mr Wrong and Mrs Well

Mr Wrong has always something wrong.
Mrs Well is always very well.
What's wrong Mr Wrong?
Well, well, I'm not very well.
It is always the same words
Between Mr Wrong and Mrs Well.

Monsieur Mal n'est jamais en forme.
Madame Bien se sent toujours très bien.
Qu'est-ce qui ne va pas, Monsieur Mal ?
Eh bien, eh bien, je ne me sens pas très bien.
Ce sont toujours les mêmes paroles
Entre Monsieur Mal et Madame Bien.

Vocabulary

How are you?
Comment vas-tu ?

I'm very well.
Je vais très bien.

I'm fine.
Je vais bien.

I'm tired.
Je suis fatigué(e).

I've got a headache.
J'ai mal à la tête.

I have a cold.
J'ai un rhume.

Grammar

Rajoute « not » après la forme conjuguée de « be » pour faire une phrase négative.

I'm not well.	Je ne vais pas bien.
She is not tired.	Elle n'est pas fatiguée.

Sing a song

Here is my family!

Here is my family!	Voici ma famille !
This is my mother Jenny.	Voici ma mère Jenny.
And this is my father Jimmy.	Et voici mon père Jimmy.
This is my sister Lucy.	Voici ma sœur Lucy.
Here is my family!	Voici ma famille !
This is my brother Johnny.	Voici mon frère Johnny.
And don't forget Gary and Mary	Et n'oublions pas Gary et Mary,
My grandpa and my granny.	Mon papi et ma mamie.

Vocabulary

son
fils

daughter
fille

father
père

mother
mère

brother
frère

uncle
oncle

aunt
tante

grandmother
grand-mère

grandfather
grand-père

sister
sœur

Grammar

Pour dire « mon, ma, mes », on utilise « my ».
My dog (mon chien) ; my friends (mes amis).
Pour dire « ton, ta, tes » et « votre, vos », on utilise « your ».
Your cat (ton/ votre chat) ; your cousins (tes/ vos cousins).
Pour dire « notre, nos », on utilise « our ».
Our sister (notre sœur) ; our brothers (nos frères).
Pour dire « leur, leurs », on utilise « their ».
Their son (leur fils) ; their daughters (leurs filles).

Sing a song

What's her name?

What's her name?	Comment s'appelle-t-elle ?
I don't know.	Je ne sais pas.
What's his name?	Comment s'appelle-t-il ?
I don't know.	Je ne sais pas.
How old is she?	Quel âge a-t-elle ?
I don't know.	Je ne sais pas.
How old is he?	Quel âge a-t-il ?
I don't know.	Je ne sais pas.
Well, if there's nothing you know	Bien, si tu ne sais rien du tout,
I think I'd better go!	Je pense que je ferais mieux de partir !

Vocabulary

name, first name
prénom

family name, surname
nom de famille

nickname
surnom

age
âge

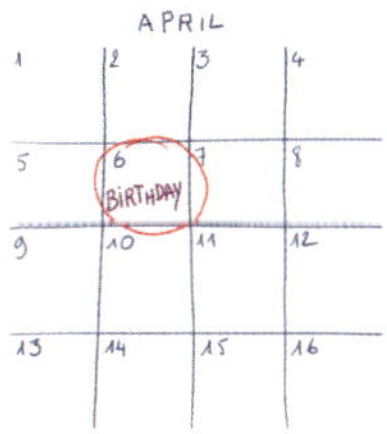

date of birth
date de naissance

Grammar

« Son, sa, ses » se traduit soit par « his » soit par « her ».
On utilise « his » si l'objet ou l'animal appartient à un garçon,
« her » s'il appartient à une fille.

This is Jane's dog = This is her dog. C'est le chien de Jane = C'est son chien.
This is Mark's car = This is his car. C'est la voiture de Mark = C'est sa voiture.

Sing a song

Who's this?

Who's this?	Qui est-ce ?
It's a girl, a beautiful girl.	C'est une fille, une belle fille.
Who's this?	Qui est-ce ?
It's a boy, a very nice boy.	C'est un garçon, un très gentil garçon.
Who's this?	Qui est-ce ?
It's a man, an old man.	C'est un homme, un vieil homme.
Who's this?	Qui est-ce ?
It's a woman, a young woman.	C'est une femme, une jeune femme.
And who's this?	Et qui est-ce ?
But who are you Mr Quiz?	Et toi, qui es-tu, Monsieur Question ?
But who are you Mr Quiz?	Et toi, qui es-tu, Monsieur Question ?

Vocabulary

woman
femme

man
homme

beautiful
beau

ugly
laid

Grammar

L'adjectif est invariable et se place avant le nom.

A beautiful girl.	Une belle fille.
Two beautiful girls.	Deux belles filles.

L'article indéfini « un, une » se traduit par « a » en anglais.

A tiger.	Un tigre.
A giraffe.	Une girafe.

Devant un mot qui commence par une voyelle, « a » devient « an ».

An elephant.	Un éléphant.

Fais attention ! who = qui, mais où = where
Who is she? = Qui est-elle ?
Where is she? = Où est-elle ?

Hold up your legs

Hold up your legs,	Lève les jambes,
then clap your hands.	et frappe des mains.
Count on your fingers,	Compte sur tes doigts,
then clap your hands.	et frappe des mains.
Cross your arms,	Croise les bras,
then clap your hands.	et frappe des mains.
Oh, I'm stupid, now you can't!	Que je suis bête, comme ça, tu ne peux pas !
(bis)	*(bis)*

Vocabulary

arm
bras

hand
main

finger
doigt

foot
pied

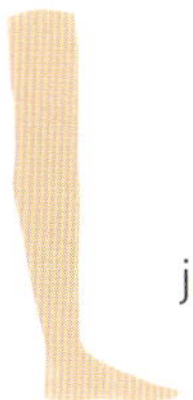

leg
jambe

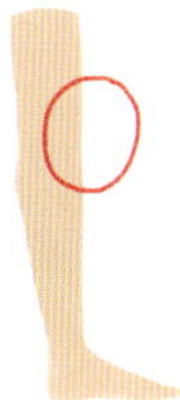

knee
genou

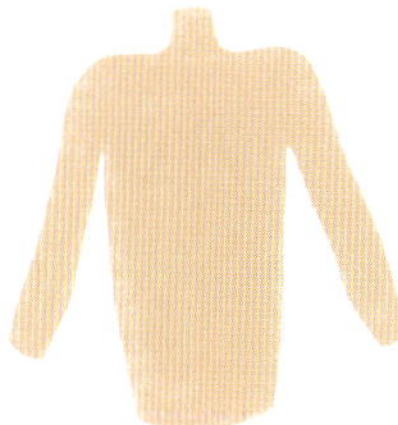

back
dos

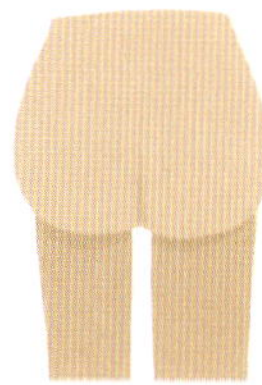

bottom
fesses

Grammar

Pour mettre un nom au pluriel, on rajoute un « s » à la fin du nom.

An apple, two apples (une pomme, deux pommes).

A pear, pears (une poire, des poires).

Apprends le pluriel des mots irréguliers !

Tooth, teeth (dent, dents).

Foot, feet (pied, pieds).

Child, children (enfant, enfants).

Man, men (homme, hommes).

Woman, women (femme, femmes).

Sing a song

What's this?

What's this?	Qu'est-ce que c'est ?
A cat, of course.	Un chat, bien sûr.
What's this?	Qu'est-ce que c'est ?
It's obvious, it's a bird.	C'est évident, c'est un oiseau.
What's this?	Qu'est-ce que c'est ?
With no doubt, it's a dog.	Sans aucun doute, c'est un chien.
And what's this?	Et qu'est-ce que c'est ?
I hear nothing.	Je n'entends rien.
I'm sure it's a fish.	Je suis sûr que c'est un poisson.

Vocabulary

dog
chien

cat
chat

bird
oiseau

fish
poisson

rabbit
lapin

guinea pig
cochon d'Inde

hamster
hamster

Grammar

Les objets et les animaux ne sont ni masculins ni féminins.
Pour les désigner, on utilise « it » (et non pas « he » ou « she »).

This is my new table. It is brown. — C'est ma nouvelle table. Elle est marron.

Look at this cow! It is black and white. — Regarde cette vache ! Elle est noire et blanche.

Sing a song

Eight o'clock, time to get up

Eight o'clock, time to get up.
Nine o'clock, late for school.
Noon, time for lunch.
At six, homework, dinner and TV.
Then after all that,
Goodnight, everybody!

Huit heures, c'est l'heure de se lever.
Neuf heures, en retard pour l'école.
Midi, c'est l'heure de déjeuner.
A six heures, devoirs, dîner et télé.
Puis, après tout ça,
Bonne nuit, tout le monde !

Vocabulary

to have breakfast
prendre le petit déjeuner

to have lunch
déjeuner

to have dinner
dîner

to go to school
aller à l'école

to watch TV
regarder la télévision

to go to bed
se coucher

Grammar

**Pour mettre un verbe au présent, on utilise l'infinitif sans « to ».
Le verbe est le même à toutes les personnes (singulier et pluriel) sauf à la troisième personne du singulier, où il faut ajouter un « s ».**

I get up (Je me lève)
You get up (Tu te lèves)
He/She gets up (Il/Elle se lève)
We get up (Nous nous levons)
You get up (Vous vous levez)
They get up (Ils se lèvent)

Fais attention à ces petites irrégularités :
He has lunch. Il déjeune.
She goes to school. Elle va à l'école.

Sing a song

Sit down and get up!

Sit down and get up!	Assieds-toi et lève-toi !
Come in and get out!	Entre et sors !
Look and listen!	Regarde et écoute !
If you don't know	Si tu ne sais pas
Which way to turn,	Où donner de la tête,
Keep quiet and have a rest.	Reste tranquille et repose-toi.
(bis)	*(bis)*

Vocabulary

Sit down!
Assieds-toi !

Get up!
Lève-toi !

Get out!
Sors !

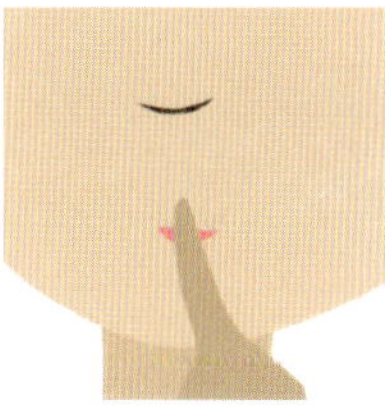

Be quiet!
Tais-toi !

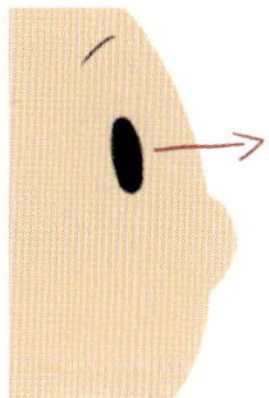

Look!
Regarde !

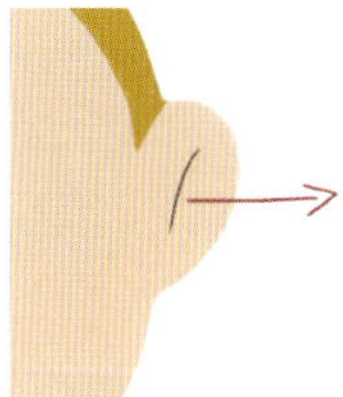

Listen!
Écoute !

Grammar

Pour faire une phrase négative, on met « don't » devant le verbe (« doesn't » pour la troisième personne du singulier).

I don't know.	Je ne sais pas.
He doesn't swim.	Il ne nage pas.

Pour donner des conseils et des ordres, on utilise le verbe à l'infinitif sans « to ».

Jump!	Saute !
Don't jump!	Ne saute pas !

Do you want some lemonade?

Do you want some lemonade?	Veux-tu de la limonade ?
No, thank you.	Non, merci.
Do you want some water?	Veux-tu de l'eau ?
Oh, no, you're so kind.	Oh non, tu es très gentil.
Do you want some milk or tea or coffee?	Veux-tu du lait, du thé, du café ?
No, not in any way.	Non, du tout.
Well, you're not easy!	Et bien, tu n'es pas facile !
In fact, I'm not thirsty!	En fait, je n'ai pas soif !

Vocabulary

milk
lait

apple juice
jus de pomme

orange juice
jus d'orange

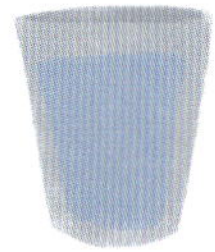

water
eau

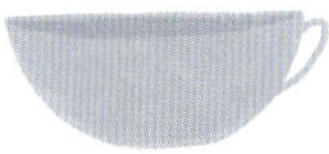

tea
thé

coffee
café

hot chocolate
chocolat chaud

drink
boisson

Grammar

Pour poser une question, on utilise l'auxiliaire « do » (« does » pour la troisième personne du singulier).

Do you like chocolate?	Aimes-tu le chocolat ?
Do you want a biscuit?	Veux-tu un biscuit ?
Does he play football?	Est-ce qu'il joue au football ?

Avec « be » et « can », pas besoin de « do ».

Are you English?	Es-tu anglais(e) ?
Is she French?	Est-elle française ?
Can you swim?	Sais-tu nager ?

Sing a song

It's Monday, a grey day

It's Monday, a grey day.	C'est lundi, un jour gris.
It's Tuesday, a brown day.	C'est mardi, un jour marron.
It's Wednesday, a red day.	C'est mercredi, un jour rouge.
It's Thursday, a blue day.	C'est jeudi, un jour bleu.
It's Friday, a green day.	C'est vendredi, un jour vert.
It's Saturday, a yellow day.	C'est samedi, un jour jaune.
And Sunday is a rainbow day.	Et dimanche est un jour arc-en-ciel.
For it's my favourite day.	Car c'est le jour que je préfère.

Vocabulary

day
jour

night
nuit

week
semaine

month
mois

year
année

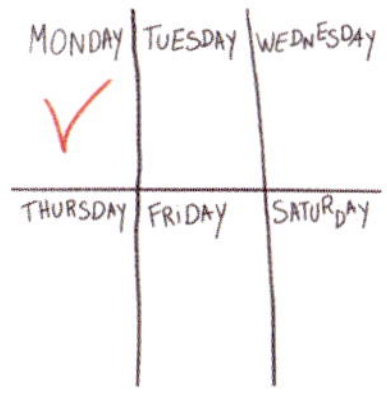

on Monday
le lundi

on Tuesdays/ every Tuesday
tous les mardis

Grammar

N'oublie pas de mettre une majuscule :

– aux jours (Monday, Tuesday, Wednesday, Thursday, Friday, Saturday, Sunday),
– aux mois (January, February, March, April, May, June, July, August, September, October, November, December),
– aux adjectifs de nationalité (French, Spanish, Italian...),
– et bien sûr aux noms propres !

Sing a song

One, two, three, four, five

One, two, three, four, five	Un, deux, trois, quatre, cinq
If you can't go really high.	Si tu ne peux pas aller très loin.
Six, seven, eight, nine, ten	Six, sept, huit, neuf, dix
You can count on me then.	Tu peux alors compter sur moi.
Eleven and twelve, thirteen, fourteen	Onze et douze, treize, quatorze
Do you know what I mean?	Tu vois ce que je veux dire ?
Fifteen, sixteen, seventeen, eighteen	Quinze, seize, dix-sept, dix-huit
Cause I'm your friend, believe me.	Parce que je suis ton ami, crois-moi.
And nineteen, and twenty	Et dix-neuf, et vingt
You can rely upon me.	Tu peux te fier à moi.

Vocabulary

20 **twenty** vingt	30 **thirty** trente	40 **forty** quarante
50 **fifty** cinquante	60 **sixty** soixante	70 **seventy** soixante-dix
80 **eighty** quatre-vingts	90 **ninety** quatre-vingt-dix	100 **a/one hundred** cent

Grammar

« Can » est un verbe très utile, il se traduit par « pouvoir » ou « savoir ».

I can read.	Je sais lire.

Regarde bien comment « can » est utilisé dans les questions et les phrases négatives.

Can you open the window please?	Pouvez-vous ouvrir la fenêtre, s'il vous plaît ?
Can I go to the toilet please?	Puis-je aller aux toilettes, s'il vous plaît ?
She can't swim.	Elle ne sait pas nager.

Sing a song

Excuse me, Sir

Excuse me, Sir	Excusez-moi, Monsieur
How much are the flowers?	Combien coûtent les fleurs ?
Five pounds and six pennies.	Cinq livres et six pennies.
Oh, it's too expensive	Oh, là, là, c'est trop cher
I'll find another idea.	Je vais trouver une autre idée.
Maybe a box of candies.	Peut-être une boîte de bonbons.

Vocabulary

money
argent

coin
pièce

note
billet

cheap
pas cher

expensive
cher

to buy
acheter

to pay
payer

Grammar

Pour demander le prix de quelque chose, on utilise « how much » :

How much is it?	Combien cela coûte ?
How much is this book?	Combien coûte ce livre ?
How much are those cakes?	Combien coûtent ces gâteaux ?

Et on peut répondre :

It's too expensive!	C'est trop cher !

Sing a song

How many armchairs are there?

How many armchairs are there?	Combien de fauteuils y a-t-il ?
Far too many, far too many.	Bien trop, bien trop.
How many chairs are there?	Combien de chaises y a-t-il ?
Plenty, my dear, plenty.	Beaucoup, ma chère, beaucoup.
How many tables are there?	Combien de tables y a-t-il ?
As many as the chairs.	Autant que de chaises.
Well, it sounds like it's fair.	Bien, tout cela me semble correct.

Vocabulary

armchair
fauteuil

chair
chaise

stool
tabouret

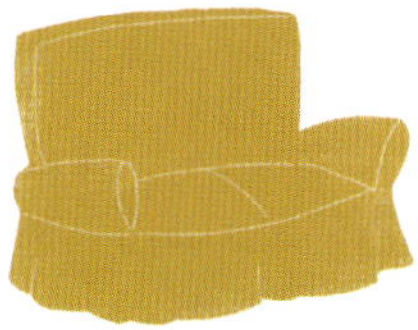

sofa
canapé

wardrobe
armoire

table
table

TV
télévision

stereo
hi-fi

Grammar

Pour dire « combien », on utilise « how many » suivi d'un nom au pluriel.

How many biscuits do you want? Combien de biscuits veux-tu ?

How many books are there? Combien y a-t-il de livres ?

Et on utilise « many » ou « a lot of » pour dire « beaucoup de ».

There are many books. Il y a beaucoup de livres.

You have many comics = You have a lot of comics. Tu as beaucoup de bandes dessinées.

In the classroom

In the classroom	Dans la classe
There's a pupil,	Il y a un élève,
Very sad, very sad.	Très triste, très triste.
He's going to the blackboard	Il va au tableau noir
To do his maths	Pour faire des mathématiques
And he's very bad, very bad!	Et il n'est pas bon du tout, pas bon du tout !
(bis)	*(bis)*

Vocabulary

classroom
classe

teacher
professeur

pupil
élève

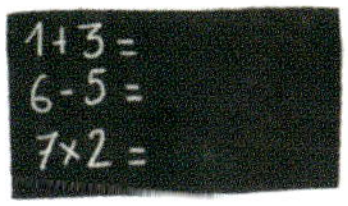

board
tableau

desk
bureau

computer
ordinateur

Grammar

Pour dire « il y a » on utilise :

– « There is » si le mot qui suit est au singulier.

There is a pen on the desk.	Il y a un stylo sur le bureau.

– « There are » si le mot qui suit est au pluriel.

There are pencils on the floor.	Il y a des crayons par terre.

L'article défini (le, la, l', les) se traduit par « the ».
Mais attention, devant un nom au pluriel, on n'utilise aucun article.

Dogs are clever animals.	Les chiens sont des animaux intelligents.
I love lions.	J'adore les lions.

Sing a song

What's the glass like?

What's the glass like?	Comment est le verre ?
What a shame, it's empty.	Quel dommage, il est vide.
What's the book like?	Comment est le livre ?
It's old, what a pity!	Il est vieux, quel dommage !
What's the rag like?	Comment est le chiffon ?
Sorry, but it's dirty!	Désolé, mais il est sale !
I'm really not lucky.	Je n'ai vraiment pas de chance.
But yes, I am picky.	Mais c'est vrai que je suis difficile.

Vocabulary

empty
vide

full
plein

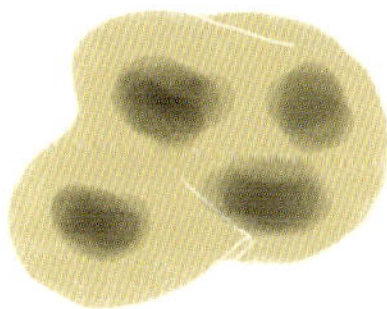

dirty
sale

clean
propre

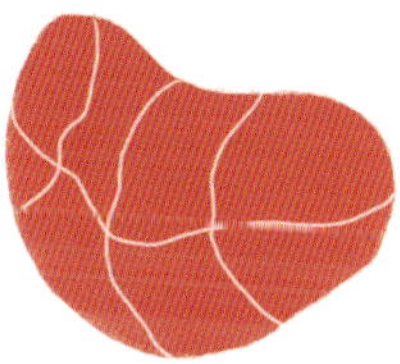

old
vieux

new
nouveau

Grammar

Si tu veux qu'on te décrive une fille, tu peux dire :

« What is she like ? »	A quoi ressemble-t-elle ?

et pour un garçon :

« What is he like? »	A quoi ressemble-t-il ?

Pour savoir comment est un objet, tu demanderas : « What is it like? »

What is your book like?	Comment est ton livre ?

Sing a song

Let's make a cake

Let's make a cake.	Faisons un gâteau.
You'll see I'm a good cook.	Tu verras que je suis un bon cuisinier.
Flour, salt and butter	Farine, sel et beurre
All put together.	Mis ensemble.
There's nothing easier	Il n'y a rien de plus facile
Than to make a cake.	Que de faire un gâteau.
(bis)	*(bis)*

Vocabulary

spoon
cuillère

fork
fourchette

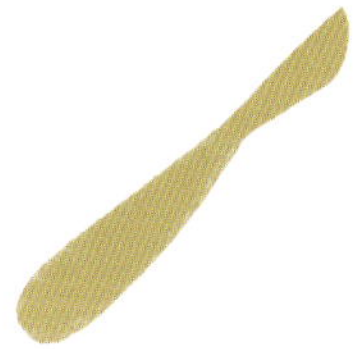

knife
couteau

plate
assiette

glass
verre

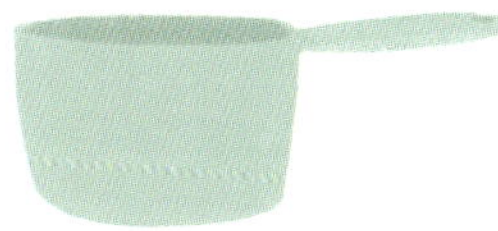

saucepan
casserole

Grammar

Pour proposer à quelqu'un de faire quelque chose, l'expression « let's » (contraction de « let us ») est très utile.

Let's go to the cinema!	Allons au cinéma !
Let's go to the swimming pool!	Allons à la piscine !

Sing a song

I'm writing a letter

I'm writing a letter
To send to my brother.
I'm reading a book
Called Captain Hook.
I'm playing in the afternoon
With my birthday balloon.
But what I like best
Is drawing without rest.

J'écris une lettre
Destinée à mon frère.
Je lis un livre
Intitulé Capitaine Crochet.
L'après-midi, je joue
Avec mon ballon d'anniversaire.
Mais ce que je préfère,
C'est dessiner sans m'arrêter.

Vocabulary

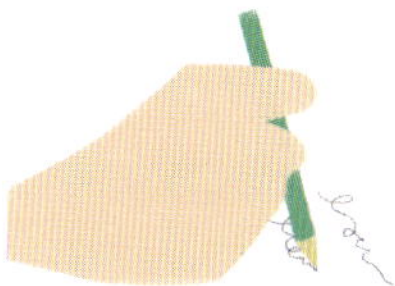

to write
écrire

to read
lire

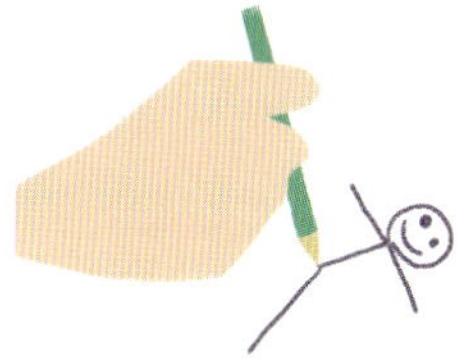

to draw
dessiner

to paint
peindre

to work
travailler

to learn
apprendre

Grammar

Pour parler d'une action que l'on est en train de faire, on utilise le présent progressif. On conjugue « to be » au présent et on ajoute -ing à la fin du verbe.

I am reading.	Je suis en train de lire.
She is drawing.	Elle est en train de dessiner.
We are working.	Nous sommes en train de travailler.

In September

In September, I'm in anger.	En septembre, je suis en colère.
In October, I'm in a temper.	En octobre, je suis de mauvaise humeur.
In November, I've got fever.	En novembre, j'ai de la fièvre.
In December, I feel better.	En décembre, je me sens mieux.
In January, I'm healthy.	En janvier, je suis en bonne santé.
In February, I'm really happy.	En février, je suis vraiment heureux.

Vocabulary

the four seasons
les quatre saisons

spring
printemps

summer
été

autumn
automne

winter
hiver

Grammar

Avant les mois, on utilise « in » :
In April, in December (en avril, en décembre).

Avant les jours et les dates, on utilise « on » :
On Monday (lundi), on 3 April (le 3 avril).

Avant l'heure, on utilise « at » :
At 3 o'clock (à trois heures).

Pour mettre un verbe régulier au prétérit, on ajoute -ed au verbe.
I walked. J'ai marché.
He listened. Il a écouté.
We played. Nous avons joué.

Pour les verbes irréguliers, il faudra que tu les apprennes par cœur !

Lexique

Les mots anglais ont parfois plusieurs traductions françaises.
La traduction proposée ci-dessous correspond au contexte des chansons.

age	âge
apple juice	jus de pomme
arm	bras
armchair	fauteuil
aunt	tante
autumn	automne
back	dos
be quiet!	tais-toi !
beautiful	beau
behind	derrière
between	entre
big	grand, gros
bird	oiseau
board	tableau
book	livre
bottom	fesses
boy	garçon
brother	frère
buy (to)	acheter
cat	chat
chair	chaise
cheap	pas cher
classroom	classe
clean	propre
coffee	café
coin	pièce
computer	ordinateur
date of birth	date de naissance
daughter	fille
day	jour
desk	bureau
dirty	sale
dog	chien
draw (to)	dessiner
drink	boisson
eighty	quatre-vingts
empty	vide
exercise book	cahier
expensive	cher
father	père
fifty	cinquante
finger	doigt
first name	prénom
fish	poisson

Vocabulary

the four seasons
les quatre saisons

spring
printemps

summer
été

autumn
automne

winter
hiver

Grammar

Avant les mois, on utilise « in » :
In April, in December (en avril, en décembre).

Avant les jours et les dates, on utilise « on » :
On Monday (lundi), on 3 April (le 3 avril).

Avant l'heure, on utilise « at » :
At 3 o'clock (à trois heures).

Pour mettre un verbe régulier au prétérit, on ajoute -ed au verbe.
I walked. J'ai marché.
He listened. Il a écouté.
We played. Nous avons joué.

Pour les verbes irréguliers, il faudra que tu les apprennes par cœur !

Lexique

Les mots anglais ont parfois plusieurs traductions françaises.
La traduction proposée ci-dessous correspond au contexte des chansons.

age ... âge
apple juice ... jus de pomme
arm ... bras
armchair ... fauteuil
aunt ... tante
autumn ... automne
back ... dos
be quiet! ... tais-toi !
beautiful ... beau
behind ... derrière
between ... entre
big ... grand, gros
bird ... oiseau
board ... tableau
book ... livre
bottom ... fesses
boy ... garçon
brother ... frère
buy (to) ... acheter
cat ... chat
chair ... chaise
cheap ... pas cher
classroom ... classe
clean ... propre
coffee ... café
coin ... pièce
computer ... ordinateur
date of birth ... date de naissance
daughter ... fille
day ... jour
desk ... bureau
dirty ... sale
dog ... chien
draw (to) ... dessiner
drink ... boisson
eighty ... quatre-vingts
empty ... vide
exercise book ... cahier
expensive ... cher
father ... père
fifty ... cinquante
finger ... doigt
first name ... prénom
fish ... poisson

foot	pied
fork	fourchette
forty	quarante
full	plein
get out (to)	sortir
get up (to)	se lever
girl	fille
glass	verre
go to bed (to)	se coucher
go to school (to)	aller à l'école
grandfather	grand-père
grandmother	grand-mère
guinea pig	cochon d'Inde
hamster	hamster
hand	main
have breakfast (to)	prendre le petit déjeuner
have dinner (to)	dîner
have lunch (to)	déjeuner
hot chocolate	chocolat chaud
hundred	cent
in front of	devant
in	dans
knee	genou
knife	couteau
learn (to)	apprendre
leg	jambe
listen (to)	écouter
look (to)	regarder
man	homme
milk	lait
money	argent
month	mois
mother	mère
new	nouveau
nickname	surnom
night	nuit
ninety	quatre-vingt-dix
note	billet
old	vieux
on	sur
orange juice	jus d'orange
paint (to)	peindre
pay (to)	payer
pen	stylo
pencil	crayon
pencil case	trousse
plate	assiette
pupil	élève
rabbit	lapin

read (to) ... lire
rubber ... gomme
ruler ... règle
saucepan ... casserole
schoolbag ... cartable
season ... saison
seventy ... soixante-dix
sister ... sœur
sit down (to) ... s'asseoir
sixty ... soixante
small ... petit
sofa ... canapé
son ... fils
spoon ... cuillère
spring ... printemps
stereo ... hi-fi
stool ... tabouret
summer ... été
surname ... nom de famille

table ... table
tea ... thé
teacher ... professeur
thirty ... trente
TV ... télévision
twenty ... vingt
ugly ... laid
uncle ... oncle
under ... sous
wardrobe ... armoire
watch TV (to) ... regarder la télévision
water ... eau
week ... semaine
winter ... hiver
woman ... femme
work (to) ... travailler
write (to) ... écrire
year ... année
young ... jeune